· ANIMAUX ILLUSTRÉS ·

Bœuf musqué

Projet dirigé par Audrey Chapdelaine

Traduction : Olivier Bilodeau
Conception graphique et mise en pages : Damien Peron
Révision linguistique : Sabrina Raymond
Illustrations : Kagan McLeod

Québec Amérique
7240, rue Saint-Hubert
Montréal (Québec) Canada H2R 2N1
Téléphone : 514 499-3000, télécopieur : 514 499-3010

Nous reconnaissons l'aide financière du gouvernement du Canada.

Nous remercions le Conseil des arts du Canada de son soutien.
We acknowledge the support of the Canada Council for the Arts.

Nous tenons également à remercier la SODEC pour son appui financier. Gouvernement du Québec – Programme de crédit d'impôt pour l'édition de livres – Gestion SODEC.

Canada | Conseil des arts du Canada Canada Council for the Arts | SODEC Québec

Catalogage avant publication de Bibliothèque et Archives nationales du Québec et Bibliothèque et Archives Canada

Titre : Bœuf musqué / Allen Niptanatiak ; illustrations, Kagan McLeod ; traduction, Olivier Bilodeau.
Autres titres : Muskox. Français
Noms : Niptanatiak, Allen, auteur. | McLeod, Kagan, illustrateur.
Description : Mention de collection : Animaux illustrés | Documentaires | Traduction de : Muskox.
Identifiants : Canadiana 20210056460 | ISBN 9782764445686
Vedettes-matière : RVM : Bœuf musqué—Ouvrages pour la jeunesse. | RVMGF : Documents pour la jeunesse.
Classification : LCC QL737.U53 N5614 2021 | CDD j599.64/78—dc23

quebec-amerique.com

Imprimé en Chine

Bœuf musqué

· ANIMAUX ILLUSTRÉS ·

Bœuf musqué

Par Allen Niptanatiak · Illustrations de Kagan McLeod

QuébecAmérique

Table des matières

Le bœuf musqué

Le bœuf musqué est un gros animal de la famille des ongulés qui vit dans l'Arctique. Il ressemble un peu au buffle ou au bison, mais il a un long pelage touffu, un dos bossu et de très grosses cornes recourbées. Son pelage est habituellement d'un brun très sombre, presque noir, avec des taches blanches aux épaules.

Le bœuf musqué mâle pèse entre 270 et 315 kilogrammes, et la femelle, entre 180 et 225 kilogrammes. Le mâle et la femelle ont des cornes.

Les bœufs musqués vivent en troupeaux que l'on appelle aussi des « hardes ». Une harde compte généralement de 10 à 25 bœufs musqués, mais dans certaines régions, on peut en voir qui comptent de 40 à 60 individus.

Apprenons-en davantage sur le bœuf musqué !

Répartition et habitat

Le bœuf musqué vit dans la toundra arctique. On le rencontre dans des régions différentes de la toundra pendant les mois chauds et pendant les mois froids. Les bœufs musqués passent toute l'année dans la toundra, mais on sait qu'ils parcourent parfois des distances allant de 95 à 160 kilomètres pour trouver de la nourriture.

Pendant les mois d'été, on peut voir des bœufs musqués dans les vallées, le long de rivières ou au bord de lacs et dans des prairies herbeuses. L'hiver, quand le vent balaie la neige des collines et du bord des falaises, le bœuf musqué gagne ces hauteurs car il est plus facile d'y trouver de la nourriture.

Squelette

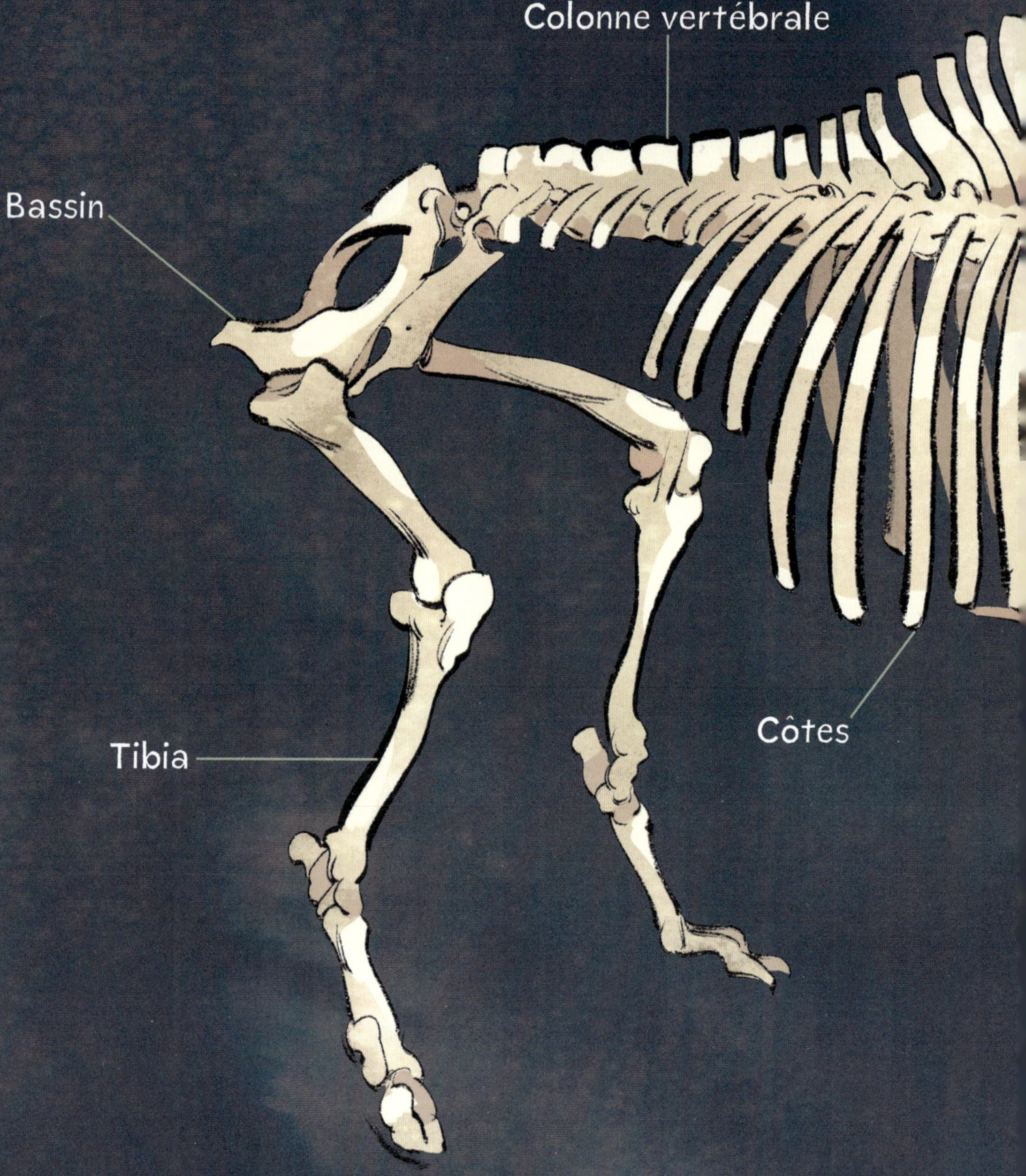

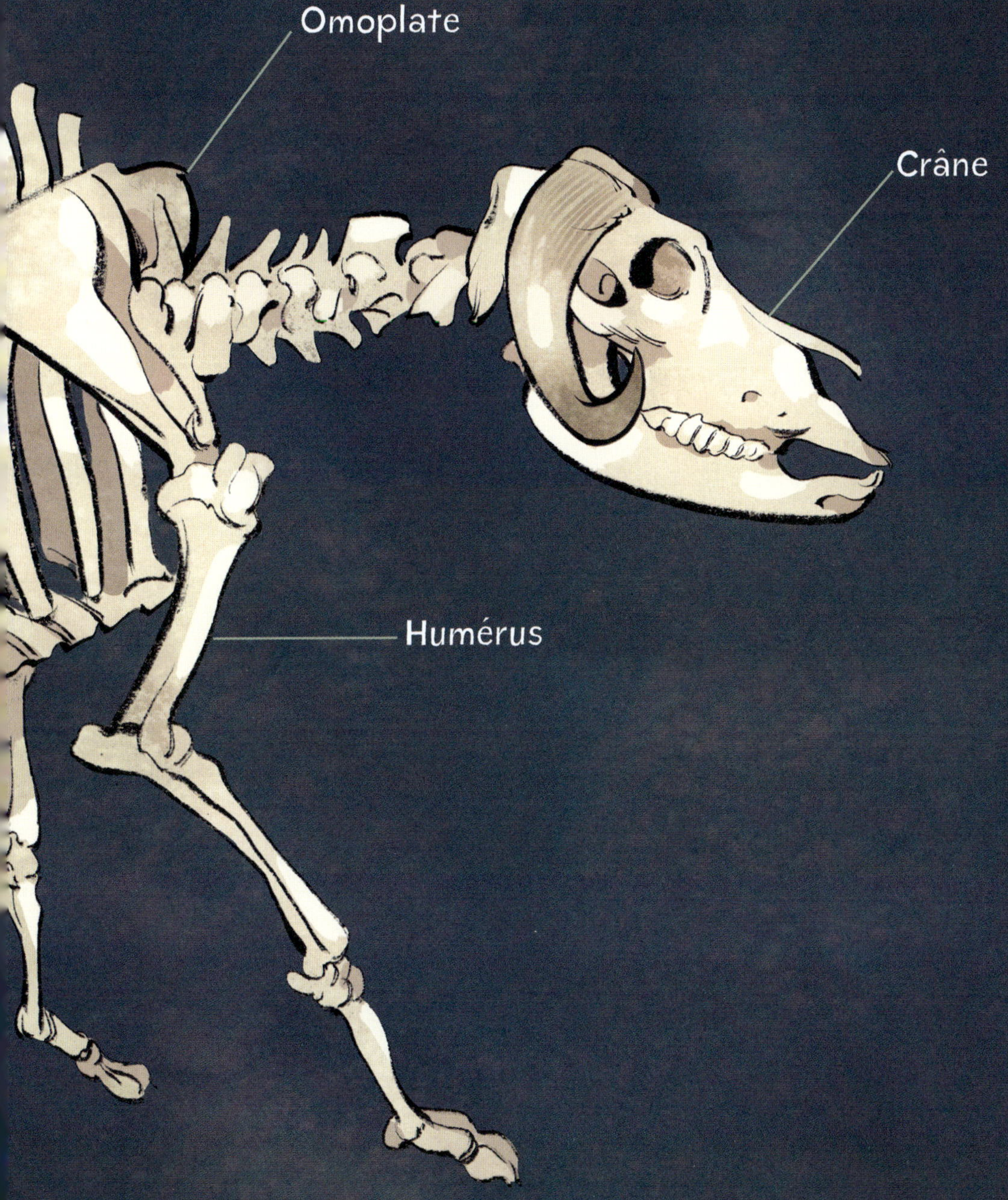
Omoplate
Crâne
Humérus

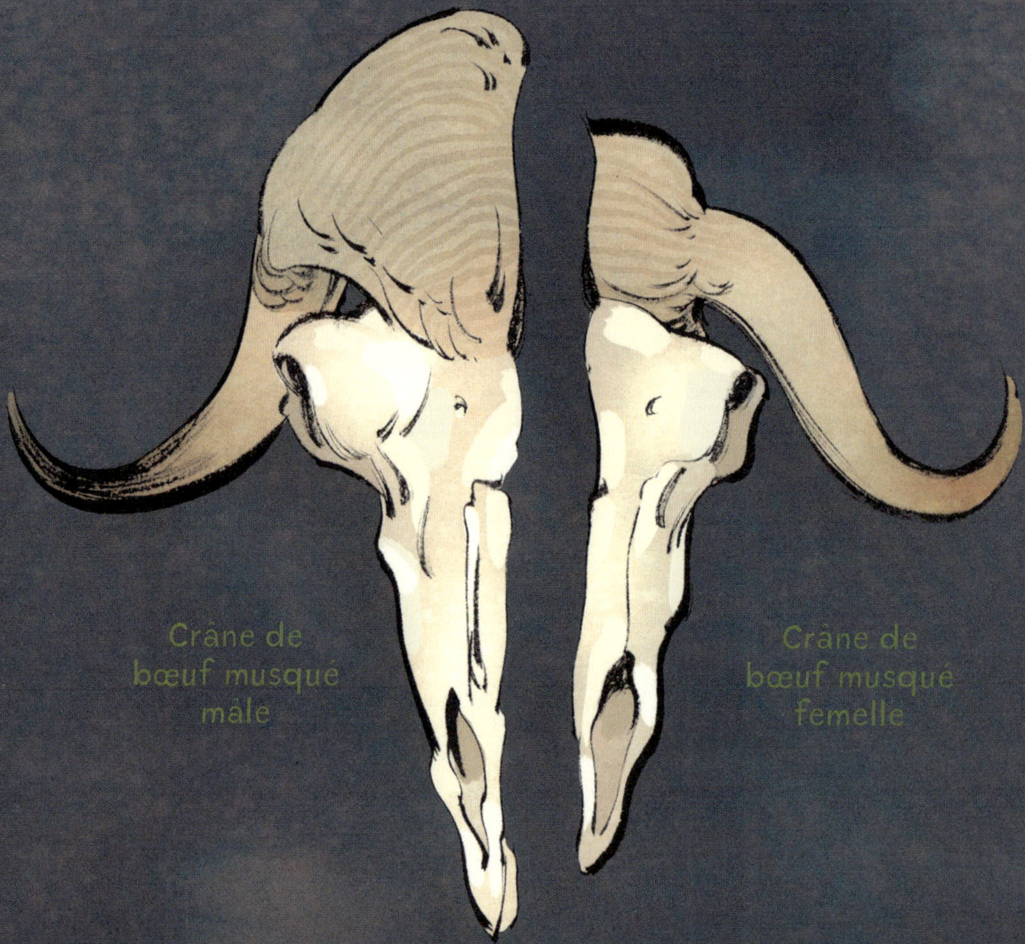

Les bœufs musqués mâles et femelles ont tous les deux des cornes qui descendent du sommet de leur crâne jusqu'à leur mâchoire et se terminent par une pointe recourbée vers l'extérieur. Les cornes du mâle sont beaucoup plus grosses que celles de la femelle, qui sont aussi généralement plus foncées.

Le bœuf musqué utilise ses durs sabots pour trouver les plantes dont il se nourrit.

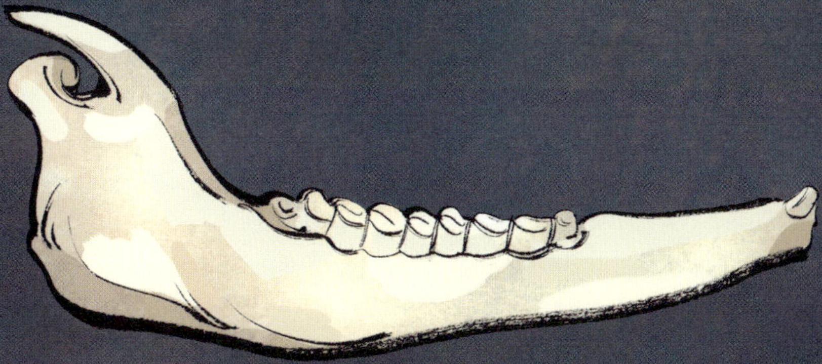

Mâchoire de bœuf musqué

Alimentation

Le bœuf musqué est un herbivore. Cela signifie qu'il se nourrit exclusivement de plantes. Son alimentation est principalement composée d'herbes de la toundra, de saule arctique et de feuillage L'été, il peut se nourrir partout dans la toundra, où l'herbe et le saule arctique poussent en abondance.

Saule arctique

Herbe de la toundra

L'hiver, le bœuf musqué mange les plantes desséchées qu'il trouve au sommet des collines. Il se sert de ses sabots pour aller chercher des herbes mortes et d'autres plantes sous la neige.

Petits

Le petit du bœuf musqué s'appelle le « veau ». C'est au début du printemps, en mars ou en avril, que la femelle met bas. Le bœuf musqué femelle donne naissance à un seul veau à la fois et n'a que rarement des jumeaux.

Pour accoucher, la femelle s'éloigne légèrement de la harde et y revient tout de suite après, dès que son petit arrive à la suivre.

Quelques heures à peine après leur naissance, les veaux marchent suffisamment bien pour suivre le troupeau !

Prédateurs

Même si le bœuf musqué est un très gros animal aux cornes pointues, certains animaux de l'Arctique tentent quand même de l'attraper pour le manger. On appelle ces animaux des « prédateurs ».

Les principaux prédateurs du bœuf musqué sont les loups et les grizzlys.

Parce qu'ils chassent en meute et attaquent de tous les côtés en même temps, les loups sont un grand danger pour les bœufs musqués, surtout pour les bébés et les veaux.

Moyens de défense

Les bœufs musqués ont une façon bien spéciale de se protéger lorsque des prédateurs s'approchent. La harde se place en cercle, ou parfois en rang serré, pour que les adultes soient face au danger et que les petits soient en sécurité au centre du cercle ou derrière le rang.

La plupart du temps, le plus gros mâle se place directement en face du prédateur. Il arrive aussi qu'il fasse quelques pas en avant pour se détacher de la harde. Les bœufs musqués arrivent ainsi à se protéger car leurs cornes pointues sont toutes dirigées vers le prédateur. Quand les loups et les ours n'arrivent pas à briser ce cercle, ils abandonnent généralement pour aller à la recherche de proies plus faciles.

Résistance au froid

Dans l'Arctique, l'hiver peut être très, très froid. Pendant cette saison, beaucoup de régions de l'Arctique sont trop froides pour certains animaux, mais les bœufs musqués y demeurent pendant toute l'année.

À Kugluktuk, au Nunavut, où vivent de nombreux bœufs musqués, la température est déjà descendue à -50 degrés Celsius. Alors, comment le bœuf musqué fait-il pour se protéger du froid ?

Le bœuf musqué a un pelage spécial qui l'aide à combattre le froid. La couche extérieure de ce pelage, qui s'appelle le « jarre », est faite de poils longs et touffus, et sous le jarre se trouve une couche de poils fins et lisses qui porte le nom de « sous-poil ». Le sous-poil retient la chaleur et tient le bœuf musqué au chaud. L'été, le sous-poil tombe pour que le bœuf musqué n'ait pas trop chaud.

Faits amusants

Tous les bœufs musqués utilisent leurs cornes pointues pour se défendre contre les prédateurs, mais les mâles les utilisent aussi pour se battre entre eux dans des combats servant à déterminer qui sera le chef du troupeau pendant la saison de la reproduction.

Les bœufs musqués se battent en chargeant l'un vers l'autre pour se donner des coups de tête. Ils galopent à toute vitesse et se percutent si fort qu'on peut entendre le bruit de leurs têtes qui se frappent à des kilomètres !

Pendant cette période de l'année, le bœuf musqué émet de forts mugissements pour inviter les autres mâles à se battre.

Usages traditionnels

Les Inuits de l'Arctique chassent le bœuf musqué et cohabitent avec lui depuis des milliers d'années. Ils l'utilisent de nombreuses façons.

Peau de bœuf musqué

La peau du bœuf musqué est douce et très chaude. Traditionnellement, les Inuits s'en servaient comme couverture dans leur igloo.

Autrefois, les Inuits utilisaient aussi le sous-poil laissé dans la toundra par les bœufs musqués lors de la mue du printemps, le « qiviut », en inuktitut, pour doubler leurs mitaines afin qu'elles soient extrêmement chaudes.

La viande du bœuf musqué fait également partie de l'alimentation des Inuits de l'Arctique.

Qiviut

Ragoût de bœuf musqué

Allen Niptanatiak est un chasseur-trappeur de Kugluktuk, au Nunavut.

Kagan McLeod produit des illustrations pour des revues, des journaux et des sociétés de design depuis la fin de ses études en illustration au Collège Sheridan, en 1999. Il a commencé sa carrière comme artiste employé au *National Post* et certaines de ses illustrations ont récemment été publiées dans *Entertainment Weekly*, le *Reader's Digest*, *The Walrus*, *The Wall Street Journal*, *Toronto Life*, *The Boston Globe* et *Popular Mechanics*. Son premier roman graphique, *Infinite Kung Fu*, a été publié en 2012. Il vit à Toronto avec sa femme, ses deux filles et son chien de chasse.